LIBRO DE BOLSILLO
de
ORACIONES CATOLICAS

JESUS, NUESTRO CONSOLADOR

“Vengan a Mí [en oración] todos aquellos de ustedes que se sientan cansados y encuentren que la vida es una carga, y Yo les daré reposo . . . Sus almas descansarán.” (*Mateo 11, 28s.*)

LIBRO DE BOLSILLO
de
ORACIONES CATOLICAS

por el

Rev. Lorenzo G. Lovasik, S.V.D.

Misionero de la Palabra Divina

Illustrado a todo color

CATHOLIC BOOK PUBLISHING CORP.
New Jersey

NIHIL OBSTAT: Francis J. McAree, S.T.D.
Censor Librorum

IMPRIMATUR: ✠ Patrick J. Sheridan, D.D.
Vicario General, Archdiócesis de Nueva York

El Nihil Obstat e Imprimatur son declaraciones oficiales que un libro o librejo es libre de error doctrinal o moral. Esto no quiere decir en ningún modo que los que han concedido el Nihil Obstat e Imprimatur acordan con sus contenidos, opiniones, o afirmaciones.

ABREVIATURAS DE LOS LIBROS DE LA BIBLIA

Abd – Abdías
Ag - Ageo
Am – Amós
Ap – Apocalipsis
Bar - Baruc
Cnt – Cantares
1 Co – 1 Corintios
2 Co – 2 Corintios
Col – Colosenses
1 Cr – 1 Crónicas
2 Cr – 2 Crónicas
Dn – Daniel
Dt – Deuteronomio
Ec – Eclesiastés
Eclo - Eclesiástico
Ef – Efesios
Esd – Esdras
Est – Ester
Ex – Exodo
Ez – Ezequiel
Fil – Filipenses
Flm – Filemón
Gá – Gálatas
Gn – Génesis
Hab – Habacuc
Hch – Hechos
He – Hebreos
Is – Isaías
Jdt - Judit
Jl – Joel
Jn – Juan
1 Jn – 1 Juan
2 Jn – 2 Juan
3 Jn – 3 Juan
Job – Job
Jon – Jonás
Jos – Josué
Jr – Jeremías
Jud – Judas
Jue – Jueces
Lc – Lucas
Lev – Levítico
Lm – Lamentaciones
1 Mac – 1 Macabeos
2 Mac – 2 Macabeos
Mal – Malaquías
Mc – Marcos
Mi – Miqueas
Mt – Mateo
Nah – Nahúm
Neh – Nehemías
Nm – Números
Os – Oseas
1 Pe – 1 Pedro
2 Pe – 2 Pedro
Pr – Proverbios
1 Re – 1 Reyes
2 Re – 2 Reyes
Ro – Romanos
Rt – Rut
Sab – Sabiduría
Sal – Salmos
1 Sm – 1 Samuel
2 Sm – 2 Samuel
Sof – Sofonías
Stg – Santiago
1 Ti – 1 Timoteo
2 Ti – 2 Timoteo
Tit – Tito
Tob – Tobit
1 Ts – 1 Tesalonicenses
2 Ts – 2 Tesalonicenses
Zac – Zacarías

(T-332-S)

Impreso en China 24 LP 6
ISBN 978-0-89942-332-6
catholicbookpublishing.com

PREFACIO

HOY día muchos Católicos buscan la manera de orar. Están convencidos de que necesitan orar más que nunca antes. Saben que como lo ha dicho el Segundo Concilio Vaticano, "la vida espiritual no se limita solamente a la participación en la Liturgia. Los Cristianos están realmente llamados a orar con sus hermanos y hermanas, pero también se deben retirar a sus habitaciones para orar al Padre en secreto."

Hay innumerables maneras de orar y muchos métodos para la oración. Para gran parte de las personas una de las más valiosas ayudas para orar es un libro de oraciones. Ello pone al alcance de sus manos un preciado tesoro de palabras mediante las cuales podemos acercarnos a Dios cada día. Estás oraciones ya hechas imprimen en nuestros corazones los sentimientos que la Iglesia desea que tengamos durante la oración.

Las oraciones de este tipo también conllevan un conocimiento y comprensión más profundos de las enseñanzas de la Iglesia. De una forma más sutil y discreta nos enseñan la Fe a la vez que nos permiten acercarnos a Dios. Usándolas no sólo nos acercamos a Dios pero vamos conociéndolo mejor con cada día que pasa.

No hay que mencionar que también podemos orar con nuestras propias palabras en vez de usar las palabras que podemos encontrar en una hoja impresa—y por cierto deben hacerlo. Sin embargo, las oraciones ya escritas están presentes para aquellos momentos en que no sabemos qué decir y necesitamos ayuda para hablarle a Dios. Necesitamos la ayuda del pasado como también las tendencias modernas para decir lo que sentimos y lo que debemos sentir.

Este libro nos ayudará a disponernos a participar en la Misa y recibir los Sacramentos y a unirnos a Dios en las circunstancias de la vida y las celebraciones de los Misterios de salvación durante el Año Litúrgico.

También ofrece devociones privadas en honor de la Santísima Madre, con el propósito de conducirnos a Dios, la Fuente de santidad y Dador de todo bien.

Por último, hay una sección de oraciones tomadas de la Biblia, que nos ayuda a amar la Palabra de Dios y ponerla en efecto en nuestras vidas.

Se ha hecho todo esfuerzo para asegurar que este libro sea fácil de usar y atrayente para la persona que ora. El texto está impreso en un agradable tipo de letra grande y en rojo y negro. Las inspiradoras láminas a todo color nos ayudarán a concentrarnos en Jesús y a través de El en las otras Personas de la Santísima Trinidad.

Ojalá que cuantos usan este libro de oraciones Católicas logren una vida espiritual más profunda y vital. Ojalá los lleve a una unión eterna más cercana al Dios vivo.

CONTENIDO

BESO DEL ALTAR

Después de la Procesión de Entrada, el sacerdote muestra reverencia hacia el altar, símbolo de Cristo, con un beso. Luego dice el Saludo a la Congregación.

dado en Su Hijo. También pedimos perdón de nuestros pecados y rogamos que nos otorgue Su bendición a nosotros y a todos nuestros semejantes.

RITOS INICIALES

LA Eucaristía se compone esencialmente de dos movimientos o ritos: (1) la Liturgia de la Palabra, y (2) la Liturgia de la Eucaristía. También incluye ritos preliminares y de conclusión conocidos como los Ritos Iniciales y el Rito de Conclusión.

Durante los Ritos Iniciales los actos de oración y penitencia nos preparan para ir al encuentro de Cristo cuando El nos llega en la Palabra y el Sacramento. Nos reunimos como comunidad en adoración para celebrar nuestra unidad con El y entre nosotros.

EL SALUDO

Comenzamos Nuestro Diálogo con Dios

COMO señal de adoración, el celebrante besa el altar, que representa a Cristo. Luego saluda a los fieles—conectando así las dos partes del diálogo Eucarístico: Dios y nosotros. Al mismo tiempo el Canto o Antífona de Entrada nos proporciona el tema del día.

LA ORACION COLECTA

El sacerdote ora en nombre de todos los presentes. Le pide al Señor que guíe nuestros pensamientos, nuestras oraciones y nuestro amor.

EL ACTO PENITENCIAL

Expresamos Dolor por Nuestros Pecados

CONSCIENTES de que todos los seres humanos son pecadores en presencia de Dios, le pedimos ser purificados antes de escuchar la Palabra de Dios y de celebrar Su Eucaristía.

EL KYRIE Y EL GLORIA

Rendimos Honor a Cristo

DESPUÉS dedicamos nuestra atención a la alabanza y acción de gracias con hermosas y antiguas oraciones en honor de Cristo: el Kýrie y el Gloria.

LA ORACION COLECTA

Nos Unimos Todos en Oración

DESPUÉS presentamos nuestras peticiones a Dios en la Oración Colecta. El sacerdote nos invita a orar por un momento y luego le pide a Dios Padre en nuestro nombre y por mediación de Cristo en el Espíritu Santo. Presentamos en nuestra oración nuestros cuidados, las preocupaciones por nuestras familias, amigos y todo el mundo. Luego ratificamos la oración con nuestro Amén.

LAS LECTURAS

Se proclaman al Pueblo de Dios las Lecturas tomadas de la Biblia, la Palabra de Dios. Ellas nos hablan del amor de Dios por nosotros a través de la historia y especialmente del amor de Dios que se nos ha mostrado en Jesús.

LITURGIA DE LA PALABRA

LA proclamación de la Palabra de Dios se centra siempre en Cristo. Jesús Mismo es la Palabra de Dios y el Autor de la Revelación. Por tanto, es El Mismo, quien nos habla cuando se proclaman litúrgicamente las Sagradas Escrituras.

Cristo está presente a través de Su Palabra cuando se proclaman las Lecturas. Los escritos del Antiguo Testamento preparan para El y los escritos del Nuevo Testamento hablan directamente de El.

LA PRIMERA LECTURA

Dios Nos Habla a Través de los Profetas

NOS sentamos y escuchamos la Palabra de Dios como se dijo en el Antiguo Testamento, especialmente a través de Sus Profetas. El lector ocupa su lugar al dirigirse a nosotros.

EL SALMO RESPONSORIAL

Respondemos a la Palabra de Dios

EN el Salmo Responsorial reflexionamos sobre las palabras de Dios y les respondemos.

EL EVANGELIO

El sacerdote o diácono leen el Evangelio en el nombre de Jesús, y Jesús Mismo se nos hace presente a través de Su Palabra.

LA SEGUNDA LECTURA

Dios Nos Habla a Través de los Apóstoles

AHORA escuchamos las lecturas tomadas de las Epístolas de San Pablo y de los otros Apóstoles.

EL ALELUYA

Alabamos a Jesús Quien Viene a Hablarnos

JESÚS nos hablará en el Evangelio. Ahora nos ponemos de pie en señal de respeto y nos preparamos para Su mensaje con el Aleluya.

EL EVANGELIO

Dios Nos Habla a Través de Cristo

EN este momento El viene a proclamarnos Su Palabra (a través del sacerdote o del diácono) para permitir que la apliquemos hoy a nuestras vidas.

LA HOMILIA

Dios Nos Habla a Través del Sacerdote

LA Palabra de Dios se vuelve a repetir en la Homilía. El Espíritu Santo, hablando por los labios del predicador, explica y aplica las lecturas bíblicas del día a las necesidades de una congregación en particular. El nos llama a responder a Cristo a través de la vida que llevamos.

LA PROFESION DE FE (CREDO)

Como pueblo expresamos nuestra aceptación del mensaje de Dios en las Escrituras y la Homilía. Resumimos nuestra Fe proclamando un Credo que nos ha llegado desde la Iglesia primitiva.

LA PROFESION DE FE

(CREDO)

Profesamos Nuestra Fe

DESPUÉS de escuchar la Palabra de Dios, reflexionar sobre la misma y responder en nuestros corazones a ella, ahora hacemos una profesión de fe corporativa. Respondemos, asentimos y nos adherimos públicamente a esa Palabra.

Esta es una respuesta no sólo a las proposiciones doctrinales sino también a la Persona de Cristo presente en la Palabra.

Ahora deseamos proclamar ante todos lo que creemos. Creemos lo que Dios nos ha dicho; creemos que El nos ha llamado; creemos que El nos ama. Para decir todo esto profesamos nuestra Fe con el Credo.

El Credo que se usa es el Credo de Nicea (aunque a veces también suele usarse el Credo de los Apóstoles, especialmente en la Misa para niños). Ello es un resumen de la Fe expresada por los Concilios de Nicea (325) y de Constantinopla (381) según lo ratificó el Concilio de Calcedonia (451).

LA PLEGARIA UNIVERSAL
(Oración de los Fieles)

Por lo general es el sacerdote quien inicia y termina la Plegaria Universal y algún otro lee las intercesiones por las que estamos orando. Añadimos nuestras voces a esta oración repitiendo la invocación que se haya escogido.

LA PLEGARIA UNIVERSAL

(Oración de los fieles)

Oramos por Nuestros Hermanos y Hermanas en Cristo

ENTONCES concluímos la primera parte de la Misa diciendo la Plegaria Universal, conocida también como la Oración de los Fieles. Cuando vamos a Misa oramos no sólo por nosotros sino también por todos los que necesitan la ayuda de Dios.

Instruidos, movidos y renovados por la Palabra de Dios, que trajo a Cristo a nuestro medio, ya estamos preparados para ejercer nuestra función sacerdotal intercediendo por toda la humanidad. Oramos por las necesidades de la Iglesia y del mundo como también por las necesidades presentes de nuestra comunidad parroquial local.

La esencia de esta oración descansa en las sencillas invocaciones que todos—tanto los religiosos como los miembros laicos de la congregación—tienen que expresar. El celebrante prepara el acto para la oración y la resume al terminarse, y el lector expresa sus peticiones, pero es la congregación la que hace la oración por sus invocaciones.

℟. **Señor, escucha nuestra oración.**

PREPARACION DE LOS DONES

Mientras las ofrendas de la congregación se traen al frente al sacerdote y se colocan sobre el altar, se canta un himno. Los dones son pan y vino y cualquier otra cosa que ofrezcamos para las necesidades de la Iglesia y de los pobres.

LITURGIA DE LA EUCARISTIA

AHORA pasamos al sacrificio Eucarístico mismo, la Cena del Señor. Somos el nuevo pueblo de Dios, los hermanos y hermanas redimidos de Cristo, reunidos alrededor de Su mesa.

PREPARACIÓN DE LOS DONES

EL pan y el vino para la Eucaristía, junto con nuestras ofrendas para la Iglesia y los pobres, se traen juntos al altar. Estos son un símbolo de nuestra disposición interior de entregarnos por entero a Dios con nuestras esperanzas y frustraciones, nuestro trabajo y nuestro placer, y nuestras vidas cotidianas por entero. Preparamos nuestros corazones con un himno o en silencio según se prepara la mesa del Señor.

LA INVITACION A ORAR

Rogamos a Dios Que Acepte Nuestro Sacrificio

ROGAMOS que nuestro sacrificio sea para gloria de Dios y traiga Su ayuda a nosotros y a toda la Iglesia.

LA ORACION SOBRE LAS OFRENDAS

Oramos por la Gracia de Dios

EL sacerdote, hablando en nombre nuestro, le pide al Padre que bendiga y acepte estas ofrendas, y damos nuestro asentimiento a esta oración.

EL SANTO, SANTO, SANTO

Nos unimos al sacerdote, así como a los Angeles y a los Santos en alabanza al Dios Padre y Jesús, a Quien El ha enviado.

Plegaria Eucaristica

AHORA el sacerdote comienza la Plegaria Eucarística. Esta es la oración que cambia el pan y el vino en el Cuerpo y la Sangre de nuestro Señor.

Nos unimos a Cristo en Su sacrificio, celebrando Su memorial y reconociendo con El las obras maravillosas de Dios en nuestras vidas.

EL PREFACIO

Nuestra Oración de Acción de Gracias

DESPUÉS el sacerdote invoca al Señor con una oración de alabanza y acción de gracias. Da la razón para alabar a Dios en el día de que se trate.

EL SANTO, SANTO, SANTO

Alabamos a Dios en Unión con los Angeles

AL finalizar unimos nuestros sentimientos a aquellos que se encuentran en el Prefacio expresando otra alabanza a Dios con el magnífico Santo, Santo, Santo. Enfatizamos que tanto la tierra como el cielo están llenos de la gloria de Dios y se llenarán aún más de gloria según continuemos nuestra Eucaristía.

LA CONSAGRACION

El sacerdote dice las palabras dichas por Jesús en la Ultima Cena y por el poder de Dios el pan se convierte en el Cuerpo de Cristo y el vino en la Sangre de Cristo.

INVOCACION DEL ESPIRITU SANTO

Pedimos Que el Espíritu Santifique Nuestros Dones

EL sacerdote ofrece alabanza al Padre en nuestro nombre por Su gran bondad al crearnos y redimirnos. Después invoca al Espíritu Santo para que santifique los dones que se han preparado en el altar para que se conviertan en el Cuerpo y la Sangre de Jesús.

LA CONSAGRACION

El Pan y el Vino Se Convierten en el Cuerpo y la Sangre de Cristo

LA consagración del pan y el vino es parte de la Plegaria Eucarística. Las palabras de Cristo dichas por el sacerdote son una promesa y, mediante el poder del Espíritu Santo, logran lo que significan: Su Cuerpo y Sangre Eucarísticos, Su Presencia Real con todas las riquezas de Su Reino.

LA ACLAMACION MEMORIAL

Proclamamos el Misterio de Nuestra Fe

AHORA los fieles alaban a Cristo en la Aclamación Memorial. Celebramos el hecho de que Cristo nos ha redimido, está ahora con nosotros para darnos la redención a cada uno de nosotros y volverá en gloria para perfeccionar la Redención para todos.

EL GRAN AMEN

Elevando la Hostia y el Cáliz, el sacerdote da gloria a Dios a través de Jesús. Nos unimos a El con la palabra "Amén", lo cual demuestra que estamos de acuerdo con todo nuestro corazón con sus sentimientos.

LA ORACION DE OFRECIMIENTO

Ofrecemos a Jesús al Padre

AHORA la Iglesia—y particularmente la Iglesia congregada para nuestra celebración Eucarística—ofrece la Víctima al Padre en el Espíritu Santo. Debemos aprender a ofrecernos nosotros mismos y alcanzar una unión cada vez más perfecta con el Padre a través de Cristo.

Entonces una serie de intercesiones aclaran que la Eucaristía se celebra en comunión con toda la Iglesia del cielo y la tierra.

EL GRAN AMEN

Damos Nuestro Asentimiento a Todo Lo Que Ha Tenido Lugar

LA Plegaria Eucarística concluye con la doxología final, una nota explícita de alabanza. El sacerdote ofrece alabanza y honor al Padre *a través de* Cristo, Quien es el Gran Sacerdote, *con* Cristo, Quien está realmente presente en el memorial del sacrificio, y *en* Cristo, Quien Se da a Sí Mismo a los miembros de Su Cuerpo.

Con todo nuestro corazón endosamos estos sentimientos con nuestro Gran Amén. Este Amén dice que nos hemos unido en alabanza al Padre por todas Sus maravillosas obras y nos hemos ofrecido nosotros mismos con Jesús a El; ahora estamos preparados para recibir a Jesús de regreso del Padre en la Comunión.

EL PADRE NUESTRO

Nuestra preparación para una íntima unión con Jesús en la Sagrada Comunión comienza con el "Padre Nuestro", la oración que Jesús nos enseñó a decir.

Rito de la Comunion

El Rito de la Comunión es la parte de la Misa en que Dios nos da un don después que nosotros Le hemos presentado nuestra ofrenda. El punto clave es que el don es el mismo en ambos casos—Jesucristo, el Hijo de Dios y Salvador del mundo. Y, por tanto, es totalmente adecuado que este rito comience con la magnífica oración que nos dejara Jesús—el Padre Nuestro.

EL PADRE NUESTRO

Hablamos a Dios Padre con las Palabras Que Jesús Nos Enseñó

La Oración del Señor o Padre Nuestro está situada entre la Plegaria Eucarística y la Comunión. Ella resume todas las peticiones que han precedido y se llega a las puertas del Banquete del Reino anticipado por la Comunión.

En el Padre Nuestro, pedimos por nuestro pan de cada día, el pan que da acceso a la eternidad, el Pan de Vida. Con este fin, pedimos el perdón de nuestros pecados así como nosotros perdonamos a los demás de modo que "las cosas santas se puedan dar a los que son santos."

ORACIONES ANTES DE LA COMUNION

El sacerdote nos invita a recibir a Jesús, nuestro Salvador, Quien nos llega en la Comunión. El ora con nosotros, rogando a Dios que nos haga dignos de recibir Su gran don.

ORACIONES ANTES DE LA COMUNION

Pedimos a Dios Que Nos Haga Dignos de Recibir la Comunión

EL sacerdote nos invita a recibir a Jesús, nuestro Salvador, Quien nos llega en la Comunión. El ora con nosotros, rogando a Dios que nos haga dignos de recibir Su gran don.

Después de las oraciones que acentúan el amor fraternal, el espíritu de reconciliación y la unidad de los Cristianos, el sacerdote y la congregación reciben la Comunión. La Comunión se administra a los fieles en una procesión acompañada de un himno. Ello expresa la unidad verdadera, el júbilo espiritual y el amor fraternal de las personas reunidas para ofrecer y comunicarse.

RECIBIMIENTO DE LA SANTA COMUNION

Recibimos el Cuerpo y la Sangre de Jesús

EL ministro de la Comunión dice: "El Cuerpo de Cristo" y el comunicante responde: "Amén." Debemos recordar siempre las palabras de San Cipriano: "Recuerde que la palabra *Amén* no se dice a la ligera. Usted está profesando que recibe el Cuerpo de Cristo. . . . Usted responde *Amén*, es decir, ¡Es cierto! ¡De manera que guarde en su corazón lo que profesa con sus labios!"

LA BENDICION

Después de proclamar la Oración después de la Comunión el sacerdote nos da la bendición de Dios y nos exhorta a traer a Cristo a nuestras vidas cotidianas.

RITO DE CONCLUSION

HEMOS escuchado la Palabra de Dios y respondido a la misma. Hemos recibido el Cuerpo y la Sangre de Cristo y logrado una mejor unión con El y con los demás. Ahora ha llegado el momento de partir y hacer buenas obras, para alabar y bendecir al Señor en nuestra vidas cotidianas.

LA BENDICION

Recibimos la Bendición de Dios

BENDECIR a Dios significa alabarlo por Su bondad y Sus maravillosos dones. La bendición de la congregación es una acción pidiendo a Dios que continúe extendiendo Su generosidad sobre la misma. Ahora el sacerdote pide que el mayor de todos los beneficios se otorgue a aquellos que han participado de la Palabra de Dios y del Cuerpo de Cristo.

LA DESPEDIDA

Concluimos Nuestra Celebración con un Himno

LA despedida se hace generalmente con un canto que expresa alabanza o que refleja el día o tiempo en particular. Este canto es nuestra despedida a los ministros en el altar por habernos ayudado a reencarnar y a representar el maravilloso misterio de la Misa. Luego partimos para tratar de aplicar la Eucaristía a nuestras vidas.

DAD A DIOS LO QUE ES DE DIOS

Jesús nos dijo que diéramos a César lo que es de César y a Dios lo que es de Dios. Entre las cosas que debemos a Dios es tener un diálogo activo con El mediante la oración.

ORACIONES DIARIAS

La Señal de la Cruz

EN el nombre del Padre, y del Hijo, ✠ y del Espíritu Santo. Amén.

El Padre Nuestro

PADRE nuestro, que estás en el cielo, santificado sea Tu Nombre. Venga a nosotros Tu reino. Hágase Tu voluntad en la tierra como en el cielo. Danos hoy nuestro pan de cada día, y perdona nuestras ofensas, como también nosotros perdonamos a los que nos ofenden; no nos dejes caer en la tentación, y líbranos del mal. Amén.

Ave María

DIOS te salve, María, llena eres de gracia; el Señor es contigo; bendita tú eres entre todas las mujeres, y bendito es el fruto de tu vientre, Jesús. Santa María, Madre de Dios, ruega por nosotros pecadores, ahora y en la hora de nuestra muerte. Amén.

Gloria al Padre

GLORIA al Padre, y al Hijo, y al Espíritu Santo. Como era en el principio, ahora, y siempre, por los siglos de los siglos. Amén.

El Credo

CREO en Dios, Padre Todopoderoso, Creador del cielo y de la tierra. Creo en Jesucristo, Su único Hijo, nuestro Señor, Que fué concebido por obra y gracia del Espíritu Santo; nació de Santa María Virgen, padeció bajo el poder de Poncio Pilato, fué crucificado, muerto y sepultado, descendió a los infiernos, al tercer día resucitó de entre los muertos, subió a los cielos, y está sentado a la derecha de Dios, Padre Todopoderoso. Desde allí ha de venir a juzgar a los vivos y muertos.

Creo en el Espíritu Santo, la Santa Iglesia Católica, la comunión de los Santos, el perdón de los pecados, la resurrección de la carne y la vida eterna. Amén.

Un Acto de Fe

OH Dios, creo firmemente que Tú eres un solo Dios en tres Personas Divinas: Padre, Hijo, y Espíritu Santo; creo que Tu Hijo Divino se hizo hombre y murió por nuestros pecados y que vendrá a juzgar a vivos y muertos. Creo en éstas y en todas las verdades que la Santa Iglesia Católica nos enseña porque Tú se las revelaste. Tú, que no engañas ni puedes ser engañado. Amén.

Un Acto de Esperanza

OH Dios, confiando en Tu gran poder, infinita bondad y promesas, espero el perdón de mis pecados, la ayuda de Tu gracia y la vida eterna, por los méritos de Jesucristo, mi Señor y Redentor. Amén.

Un Acto de Amor

OH Dios mio, Te amo sobre mi corazón y con toda mi alma, pues Tú eres todo bondad y digno de todo mi amor. Amo a mi prójimo como a mí mismo por amor a Ti. Perdono a los que me ofenden y pido perdón a aquellos que he ofendido. Amén.

Un Acto de Contrición

OH Dios mío, me arrepiento de corazón de haberte ofendido, y detesto mis pecados, porque temo la pérdida del cielo y los tormentos del infierno, pero especialmente por haberte ofendido, Dios mío, que eres todo bueno y mereces todo mi amor. Firmemente prometo, con el auxilio de Tu gracia, confesar mis pecados, hacer penitencia y enmendar mi vida. Amén.

Oración al Espíritu Santo

VEN, Espíritu Santo, llena los corazones de los fieles y enciende en ellos el fuego de Tu amor.

℣. Envía Tu Espíritu, y serán creados.

℟. Y renovarás la faz de la tierra.

Oremos. Oh Dios, que has instruido los corazones de los fieles con la luz del Espíritu Santo, concédenos a través del mismo Espíritu que sintamos con rectitud y gocemos siempre de Su Divino consuelo. Por Cristo nuestro Señor. Amén.

El Angelus

℣. El Angel del Señor anunció a María.

℟. Y ella concibió del Espíritu Santo.
Ave María, etc.

℣. He aquí la esclava del Señor.

℟. Hágase en mí según tu palabra.
Ave María, etc.

℣. Y el Verbo se hizo carne.

℟. Y habitó entre nosotros.
Ave María, etc.

℣. Ruega por nosotros, Santa Madre de Dios.

℟. Para que seamos dignos de alcanzar las promesas de Jesucristo.

Oremos. Te suplicamos, Señor, que derrames Tu gracia en nuestras almas, para que los que por el anuncio del Angel hemos conocido la Encarnación de Tu Hijo Jesucristo, por Su Pasión y Su Cruz seamos llevados a la gloria de la Resurrección. Por el mismo Cristo nuestro Señor. Amén.

El "Regina Caeli"

(Se reza en Tiempo Pascual en vez del Angelus)

REINA del cielo, alégrate. Aleluya.
Porque el que mereciste llevar en tu seno.
Aleluya.
Resucitó, como dijo. Aleluya.
Ruega a Dios por nosotros. Aleluya.

℣. Gózate y alégrate, Virgen María. Aleluya.

℟. Porque resucitó el Señor, en verdad. Aleluya.

Oremos. Oh Dios, que por la Resurrección de Tu Hijo, nuestro Señor Jesucristo, Te dignaste regocijar al mundo: concédenos, Te suplicamos, que por Su Madre, la Virgen María, alcancemos los gozos de la vida eterna. Por el mismo Cristo nuestro Señor. Amén.

La Salve

DIOS te salve, Reina y Madre de misericordia; vida, dulzura y esperanza nuestra, Dios te salve. A ti llamamos los desterrados hijos de Eva; a ti suspiramos gimiendo y llorando en este valle de lágrimas.

Ea, pues, Señora, abogada nuestra, vuelve a nosotros esos tus ojos misericordiosos; y después de este destierro, muéstranos a Jesús, fruto bendito de tu vientre. ¡Oh clementísima! ¡Piadosa! ¡Oh dulce Virgen María!

Bendición de la Mesa

BENDICENOS, Señor, a nosotros, y bendice estos dones que dados por Tu bondad vamos a tomar. Amén.

Acción de Gracias

TE damos gracias por todos Tus beneficios, Omnipotente Dios, que vives y reinas por los siglos de los siglos. Amén.

El Señor nos dé su paz.—Y la vida eterna. Amén.

Acto de Comunión Espiritual

OH mi Jesús, yo creo que estás en el Santísimo Sacramento. Yo Te amo sobre todas las cosas, y Te entrego mi alma. Ya que no puedo recibirte ahora sacramentalmente, ven por lo menos espiritualmente a mi corazón. Como si realmente vinieses, yo Te abrazo y me uno enteramente a Ti; jamás permitas que me separe de Ti. Amén.

Invocaciones

- ¡Bendita sea la Santa Trinidad!
- Dios, Padre Celestial, ten piedad.
- Dios, Hijo Redentor, ten piedad.
- Oh Corazón de Jesús, en Ti confío.
- Jesús, manso y humilde de corazón, haz mi corazón semejante al Tuyo.
- Que el Santísimo Sacramento, sea alabado y adorado por siempre.
- Dios, Espíritu Santo, ten piedad.
- Santa María, ruega por mí.
- Reina concebida sin pecado original, ruega por nosotros.

JESUS NOS DIJO QUE ORARAMOS TODOS LOS DIAS

En el Sermón de la Montaña Jesús nos dijo que oráramos al Padre en secreto. En otra ocasión nos exhortó a orar siempre, es decir, todos los días.

ORACIONES DE LA MAÑANA

A la Santísima Trinidad

SANTA y adorable Trinidad, un solo Dios en tres Personas, Te alabo y doy gracias por todos los dones que derramas sobre mí. Tu bondad me salva. Te ofrezco cuanto soy, mis pensamientos, palabras y obras, al igual que todas las pruebas de este día.

Bendícelos. Que Tu Divino Amor los impulse para poder darte mayor gloria.

Hago esta ofrenda matinal junto a las intenciones Divinas de Jesucristo, Quien se ofrece diariamente en el Santo Sacrificio de la Misa, en unión de María, Su Virgen Madre y nuestra, quien fue siempre sierva fiel del Señor.

Gloria al Padre, y al Hijo, y al Espíritu Santo. Amén.

Por la Guía Divina durante el Día

SEÑOR, Dios Poderoso, Tú nos has traído hasta el comienzo de un nuevo día. Defiéndenos hoy con Tu gran poder, para que no caigamos en el pecado sino que todas nuestras palabras, pensamientos y acciones estén siempre bajo Tu mirada.

Dirige, Te rogamos, Señor, nuestras acciones con Tu inspiración Divina y ejecútalas con Tu preciosa ayuda, que todas nuestras oraciones y obras contigo empiecen y en Ti terminen felizmente. Amén.

ORACIONES DE LA NOCHE

Oración a la Santísima Trinidad

TE adoro, Dios mío, y Te doy gracias por haberme creado, por haberme hecho Cristiano y cuidado de mí en el día de hoy.

Te amo con todo mi corazón y me arrepiento de haber pecado contra Ti, porque Tú eres Amor infinito e infinita Bondad. Protégeme mientras descanso y haz que Tu amor esté siempre conmigo.

Padre Eterno, Te ofrezco la Preciosísima Sangre de Jesucristo como expiación por mis pecados y por todas las intenciones de nuestra Santa Iglesia.

Espíritu Santo, amor del Padre y del Hijo, purifica mi corazón e inflámalo con el fuego de Tu Amor, para que yo sea un casto Templo de la Santísima Trinidad y pueda siempre agradarte en todo. Amén.

Ruego por la Ayuda Divina

ESCUCHANOS, Señor, Padre santo, Dios eterno y todopoderoso; en Tu bondad envía Tu ángel del cielo a protejernos, amarnos, cuidarnos y morar con nosotros, a defender los que vivimos en esta casa. Por Cristo nuestro Señor. Amén.

Oración al Angel de la Guarda

ANGEL de Dios, mi Guardián querido, al cual Su amor me ha encomendado aquí, está siempre en este día a mi lado, para alumbrarme, guardarme, regirme y guiarme. Amén.

A Jesús, María y José

JESUS, José y María, os doy mi corazón y el alma mía.

Jesús, José y María, asistidme en mi última agonía.

Jesús, José y María, con Vos descanse en paz el alma mía. Amén.

JESUS MURIO PARA OBTENER EL PERDON PARA NOSOTROS

Jesús murió para obtener el perdón de nuestros pecados, que nos alejan de Dios. Debemos acercarnos con frecuencia al Sacramento de Penitencia, para que podamos obtener el perdón.

ORACIONES PARA LA CONFESION

CUANDO vamos a confesarnos, debemos:

1. Preguntarnos en qué hemos ofendido a Dios.
2. Sentirnos verdaderamente arrepentidos por nuestros pecados.
3. Hacernos el propósito de no volver a pecar.
4. Decir nuestros pecados al sacerdote.

Oración antes de la Confesión

SEÑOR y Dios mío, he pecado. Soy culpable ante Ti.

Concédeme las fuerzas para decir al ministro lo que Te digo en lo profundo de mi corazón.

Aumenta mi arrepentimiento. Hazlo más verdadero. Que tenga verdadero dolor por haberte ofendido a Ti y a mi prójimo antes que por haber herido mi amor propio.

Ayúdame a arrepentirme de mis pecados. Que los sufrimientos de mi vida y mis pequeñas mortificaciones se unan a los sufrimientos de Jesús, Tu Hijo, y ayuden a borrar el pecado del mundo. Amén.

Aspiraciones

- Oh Dios, no nos trates de acuerdo con los pecados que hemos cometido, ni de acuerdo con nuestra maldad.

- Oh Dios, ten misericordia de mí, pecador.
- Cordero de Dios, que quitas el pecado del mundo, danos Tu paz.
- Señor Jesucristo, líbrame de todos mis pecados y de todo mal. Haz que siempre guarde Tus Mandamientos y jamás permitas que me separe de Ti.

Oracion del Penitente

DIOS mío,
con todo mi corazón me arrepiento
de todo el mal que he hecho,
de todo lo bueno que he dejado de hacer.
Al pecar, Te he ofendido a Ti,
Que eres el Supremo Bien
y digno de ser amado sobre todas las cosas.
Propongo firmemente,
con la ayuda de Tu gracia,
hacer penitencia,
no volver a pecar
y huir de las ocasiones de pecado.
Señor, por los méritos de la Pasión
de nuestro Salvador Jesucristo,
apiádate de mí.

Otra Oracion

PADRE de misericordia,
como el hijo pródigo
regreso a Ti diciendo:

"He pecado en contra Tuya
y ya no soy digno de ser llamado hijo Tuyo."
Cristo Jesús, Salvador del mundo,
ruego a Ti con el ladrón arrepentido
a quien le prometiste el Paraíso:
"Señor, acuérdate de mí en Tu reino."
Espíritu Santo, fuente de amor,
acudo a Ti con confianza:
"Purifica mi corazón,
y ayúdame a caminar como un hijo de la luz."
Amén.

Acción de Gracias después de la Confesión

QUERIDO Jesús, Te he dicho todos mis pecados lo mejor que he podido. Me he esforzado por hacer una buena confesión. Estoy seguro que me has perdonado. Gracias Te doy. Es solamente por Tus sufrimientos que yo puedo ir a confesarme y librarme de mis pecados. Tu corazón está lleno de amor y misericordia hacia los pobres pecadores. Te amo por que Tú eres muy bueno conmigo.

Querido Salvador, trataré de no pecar y de amarte cada día más. Querida Madre María, ruega por mí y ayúdame a guardar mis promesas. Protégeme y no permitas que caiga de nuevo en pecado. Amén.

UNION CON JESUS

Durante Su vida en la tierra, Jesús abrazó a los niños que venían en Su busca. Ahora El abraza a todos los que vienen a encontrarlo en la Comunión, para recibir su Cuerpo y su Sangre, Alma y Divinidad.

ORACIONES ANTES DE LA COMUNION

Acto de Fe

SEÑOR Jesucristo, creo firmemente que Tú estás presente en este Sagrado Sacramento como Dios verdadero y Hombre verdadero, con Tu Cuerpo y Tu Sangre, Alma y Divinidad. Mi Redentor y mi Juez, Te adoro por Tu Divina Majestad junto con los Angeles y los Santos. Yo creo, oh Señor; aumenta mi fe. Amén.

Acto de Esperanza

BUEN Jesús, sólo en Ti deposito toda mi esperanza. Tú eres mi salvación y fortaleza, Fuente de todo bien. Por Tu misericordia, Tu Pasión y Muerte, espero alcanzar el perdón de mis pecados, la gracia de la fidelidad y la felicidad eterna. Amén.

Acto de Amor

JESUS, Dios mío, Te amo con todo mi corazón y sobre todas las cosas, pues Tú eres el Unico Dios supremo y Ser infinitamente perfecto. Tú diste Tu vida por mí, pobre pecador, y en Tu misericordia Te has ofrecido como alimento a mi alma.

Dios mío, Te amo. Alumbra mi corazón para poder amarte aún más. Amén.

Acto de Contrición

OH Salvador mío, me arrepiento profundamente de haberte ofendido pues Tú eres infinitamente bueno y el pecado Te desgrada. Detesto todos los pecados de mi vida y quiero arrepentirme de ellos. Por los méritos de Tu Preciosísima Sangre, lava mi alma de toda mancha de pecado, para que, limpio de cuerpo y alma, pueda ser digno de acercarme al Santísimo Sacramento del Altar. Amén.

Acto de Deseo

JESUS, mi Dios y mi todo, mi alma Te anhela. Mi corazón suspira por recibirte en la Santa Comunión. Ven, Pan del Cielo y Alimento de Angeles, alimenta mi alma y regocija mi corazón. Ven, Amigo querido de mi alma, para que me infundas tal amor que jamás me separe de Ti. Amén.

ORACIONES DESPUES DE LA COMUNION

Acto de Fe

JESUS, creo firmemente que estás presente en mí como Dios y Hombre, para enriquecer mi alma con gracias y llenar mi corazón con la felicidad de los Bienaventurados. Creo que eres el Cristo, Hijo del Dios vivo. Amén.

Acto de Adoración

CON la humildad más profunda yo Te adoro, Señor y Dios mío; Tú has hecho de mi alma Tu morada. Te adoro como mi Creador de Cuyas manos procedo y con Quien deseo ser feliz para siempre. Amén.

Acto de Amor

QUERIDO Jesús, Te amo con todo mi corazón, con toda mi alma y con todas mis fuerzas. Ojalá que el amor de Tu propio Corazón llene mi alma y la purifique para que yo muera para el mundo por Tu amor, al igual que Tú moriste en la Cruz por amor a mí. Dios mío, eres todo mío; concédeme que yo pueda ser Tuyo para toda la eternidad. Amén.

Acto de Acción de Gracias

DESDE lo más profundo de mi corazón Te doy gracias, querido Señor, por Tu infinita bondad al venir a mí. ¡Cuán bueno Tú eres conmigo! Junto a Tu Santa Madre y a todos los Angeles, Te alabo por Tu generosidad para conmigo, pobre pecador. Te doy gracias por alimentar mi alma con Tu Sagrado Cuerpo y Preciosa Sangre. Trataré de mostrarte mi gratitud en el Sacramento de Tu amor, obedeciendo Tus sagrados mandamientos y siendo fiel a mis deberes, amable con mi prójimo y tratando seriamente de ser como Tú en mi conducta contidiana. Amén.

Oración a Cristo Rey

OH Cristo Jesús, Te reconozco Rey del universo. Todo lo creado fue hecho para Ti. Ejercita sobre mí Tus derechos. Renuevo mis promesas bautismales, renunciando a Satánas, a todas sus obras y pompas. Te prometo vivir una buena vida Cristiana y ser diligente en promover los intereses y enseñanzas de Dios Todopoderoso y de Tu Iglesia. Amén.

Alma de Cristo

ALMA de Cristo, santifícame.
Cuerpo de Cristo, sálvame.
Sangre de Cristo, embriágame.
Agua del costado de Cristo, lávame.
Pasión de Cristo, confórtame.
Oh dulce Jesús, oyeme.
No permitas que me aparte de Ti.
Del enemigo malo, defiéndeme.
En la hora de la muerte, llámame.
Y mándame venir a Ti.
Para que con Tus Santos y escogidos Te alabe.
Por todos los siglos. Amén.

Oración ante un Crucifijo

MIRAME aquí, oh bondadoso, dulcísimo Jesús, postrado de rodillas en Tu Divina presencia, para pedirte y rogarte, con todo el fervor de mi alma, que Te dignes grabar en mi corazón los más vivos sentimientos de fe, esperanza y caridad; un verdadero arrepentimiento de mis culpas, y un propósito firme de enmendarme de ellas, mientras con sumo afecto y dolor contemplo Tus cinco llagas, teniendo presenté, oh buen Jesús, lo que ya había puesto en Tus labios el profeta David: "Han taladrado Mis manos y Mis pies; han contado todos Mis huesos." Amén.

JESUS EN ORACION

Jesús oró en el Huerto de Getsemaní y fue consolado por un Angel. Nosotros oramos cada día, buscando la ayuda y el consuelo en nuestras vidas diarias.

ORACIONES PARA CADA DIA DE LA SEMANA

DOMINGO

La Santísima Trinidad

SANTISIMA Trinidad, Padre, Hijo, y Espíritu Santo, contémplanos arrodillados en Tu Divina presencia. Profundamente nos humillamos y Te rogamos Tu perdón por nuestros pecados. Te adoramos, Padre todopoderoso, y con todo nuestro corazón Te damos gracias por habernos dado a Tu Divino Hijo para que fuese nuestro Redentor.

Te adoramos, Palabra de Dios, Jesús, Redentor nuestro, y con todo nuestro corazón Te damos gracias por haberte hecho hombre Tú Mismo y haberte convertido en sacerdote y víctima para nuestra redención en el sacrificio de la Cruz, un sacrificio que, por Tu gran amor, Tú renuevas en nuestros altares.

Te adoramos, Espíritu Divino, y con todo nuestro corazón Te damos gracias por haber obrado el insondable misterio de la Encarnación de la Palabra de Dios con un amor tan grande por nosotros, una bendición que se extiende y aumenta continuamente en el Sacramento de la Eucaristía. Por este misterio adorable concédenos a nosotros y a todos los pobres pecadores Tu santa gracia. Derrama Tus dones sagrados sobre nosotros y sobre todas las almas redimidas. Amén.

LUNES

El Espíritu Santo

OH Espíritu Santo, Paráclito Divino, Padre de los pobres, Consolador de los afligidos y Santificador de las almas, míranos postrados en Tu presencia. Te adoramos con nuestra más profunda reverencia y repetimos con el Serafín que está de pie delante de Tu trono: "¡Santo, santo, santo!"

Tú llenaste el alma de María de inmensas gracias e inflamaste los corazones de Tus Apóstoles con santo celo; enciende nuestros corazones con Tu amor. Tú eres una luz sobrenatural; ilumínanos para que podamos comprender las cosas eternas. Tú Te apareciste en forma de paloma; concédenos pureza de vida.

Tú llegaste como un viento lleno de dulzura; aplaca las tormentas de la pasión que surgen en nosotros. Tú Te apareciste como una lengua de fuego; enséñanos a cantar Tus alabanzas sin cesar. Tú llegaste en forma de nube; cúbrenos con la sombra de Tu protección.

Oh Dador de dones celestiales, vivifícanos con Tu gracia; santifícanos con Tu amor y dirígenos con Tu infinita misericordia, para que jamás cesemos de bendecirte, alabarte y amarte ahora durante nuestras vidas terrenas y más tarde en el cielo por toda la eternidad. Amén.

MARTES

Todos los Angeles y Santos

PADRE celestial, al alabar Tus Angeles y Santos alabamos Tu gloria, ya que al honrarlos Te damos honor a Ti, Su Creador. El esplendor de que están rodeados muestra Tu grandeza, que sobrepasa infinitamente el de toda la creación.

En Tu amorosa providencia Te dignaste enviar Tus Angeles para protección nuestra. Concédenos que siempre podamos estar bajo su protección y que un día podamos disfrutar de su compañía en el cielo.

Padre celestial, Tú estás glorificado en Tus Santos, porque su gloria es la coronación de Tus dones. Tú nos provees un ejemplo con sus vidas en la tierra, Tú nos das su amistad con nuestra comunión con ellos, Tú nos concedes fortaleza y protección mediante sus oraciones por la Iglesia y Tú nos exhortas hacia la victoria sobre el mal y el premio de la gloria eterna por esta gran compañía de testigos.

Concédenos que nosotros, que aspiramos a participar en su júbilo, seamos llenos del Espíritu que bendice nuestras vidas, para que, después de compartir de su fe en la tierra, podamos gozar también de su paz en el cielo. Amén.

MIERCOLES

San José

SAN José, tú siempre fuiste un hombre justo; ayúdanos a disfrutar de lo que es correcto. Tú apoyaste a Jesús y María en los momentos de prueba; apóyanos con tu ayuda. Tú cuidaste de todas las necesidades de Jesús y María; ayuda a los pobres de todo el mundo. Tú rescataste a Jesús del poder de Herodes, quien buscaba matarlo; sálvanos de nuestros muchos pecados.

Tú fuiste el padre adoptivo de Cristo, el sacerdote-víctima; haz que los sacerdotes sean fieles a sus vocaciones. Tú fuiste el padre adoptivo de Cristo, el Médico Divino; ayuda a los enfermos y concédeles alivio. Tú tuviste la más santa de las muertes en brazos de Jesús y María; intercede por los moribundos. Tú fuiste el valeroso guardián de la Santa Familia; protege todas las familias Cristianas.

Tú cuidaste a Jesús con verdadero amor de padre; protege a todos los niños del mundo. Tú fuiste un trabajador dedicado y honesto en tu oficio como carpintero; enséñanos a trabajar para Jesús. Tú fuiste el fiel y casto esposo de la Santísima Virgen María; conserva en todos los corazones el amor a la fidelidad y la pureza. Tu fuiste modelo de hombre soltero y luego modelo de padre; ayuda a todos los seres humanos a imitar tus virtudes. Amén.

JUEVES

El Santísimo Sacramento

SEÑOR Jesús, durante la Ultima Cena Tú Te sentaste a la mesa con Tus Apóstoles y Te ofreciste a Ti Mismo al Padre como el cordero inmaculado, el don aceptable que Le rinde gracia perfecta. Tú nos has dado el memorial de Tu Pasión para traernos su poder salvador hasta el final del tiempo. En este gran Sacramento Tú alimentas Tu pueblo y lo fortaleces en santidad, para que la familia humana pueda llegar a marchar en la luz de una sola fe y en una comunión de amor. Nos alimentamos en Tu mesa y crecemos en la semejanza de Tu Resurrección.

Señor Jesús, Tú eres el Sacerdote Eterno y Verdadero que estableció este sacrificio sin fin. Tú Te ofreciste como víctima de nuestra redención y nos enseñaste a ofrecerlo a través de los tiempos en memoria de Ti. Al comer Tu Cuerpo que Tú nos diste, adquirimos más fuerzas. Al beber Tu Sangre que Tú derramaste por nosotros, nos purificamos de nuestros pecados.

Señor Jesús, permite que el poder de Tu Eucaristía domine cada aspecto de nuestras vidas cotidianas. Deja que Tu consagración transforme todos nuestros actos y todos los hechos de cada día en los agentes sobrenaturales que forman Tu Cuerpo Místico. Amén.

VIERNES

La Santa Cruz

SEÑOR Jesús, desde lo alto de Tu trono de sufrimientos Tú nos revelas la inmensidad de Tu amor por nosotros. Levantado sobre el mundo en la Cruz, Tú atraes a todos hacia Ti.

La Cruz es tanto el símbolo como el acto por el que Tú elevaste al mundo de todos sus pecados y flaquezas. Mas Tú quieres también nuestra cooperación.

Ayúdanos a morir a nosotros mismos para vivir por Ti y nuestros prójimos. Líbranos de la esclavitud de nuestras pasiones, nuestros prejuicios y nuestro egoísmo. Capacítanos para soportar las penas y pruebas de esta vida y verdaderamente ayudar a cambiar el mundo en nuestra pequeña medida.

Mantén en nuestras mentes la convicción de que en la Cruz está la salvación y la vida como también la defensa contra nuestros enemigos. Por medio de la Cruz recibimos la gracia eterna, se fortalecen nuestras mentes y gozamos de júbilo espiritual. En la Cruz es lo alto de la virtud y la perfección de toda santidad.

Permítenos tomar nuestra cruz y seguirte a través de nuestras penas terrenales hacia la felicidad eterna en el cielo. Amén.

SABADO

La Santísima Virgen María

VIRGEN Madre de Dios, augusta Madre de la Iglesia, a ti encomendamos toda la Iglesia.

Tú llevas el dulce nombre de "Ayuda de los Obispos"; mantén los obispos bajo tu cuidado y manténte a su lado y al lado de los sacerdotes, religiosos y laicos que les ayudan a proseguir el difícil trabajo de la labor pastoral.

Desde la Cruz, el Divino Salvador, tu Hijo, te dio como la más amorosa de las madres al discípulo que El amaba; recuerda a los fieles Cristianos que se han dedicado a ti.

Recuerda a todos tus hijos; une a sus oraciones tu poder y autoridad especiales con Dios. Mantén su fe sin vacilaciones y duradera; fortalece su esperanza y alienta su amor. Ayuda a aquellos que se hallan en necesidad, en penalidades o peligros y especialmente a los que sufren persecuciones.

Encomendamos todos los hombres a tu Inmaculado Corazón, oh Virgen Madre de Dios. Llévalos a reconocer a Jesús como el único Salvador verdadero. Aleja de ellos todas las calamidades provocadas por el pecado. Tráeles la paz que consiste en la verdad, la justicia, la libertad y el amor. Amén.

EL NACIMIENTO DE JESUS

Durante el Adviento nos preparamos para la llegada de Jesús y en la Navidad celebramos Su Nacimiento. Damos gracias a Dios por Su nuevo nacimiento espiritual en nuestras vidas.

ORACIONES PARA LOS TIEMPOS LITURGICOS

TIEMPO DE ADVIENTO

Oración para la Triple Venida de Cristo

CORDERO de Dios, Tú viniste una vez para librar al mundo del pecado; límpiame ahora de toda mancha de pecado. Tú viniste para salvar lo que estaba perdido; vuelve de nuevo con Tu poder salvífico para que aquellos que Tú redimiste no sean castigados. He llegado a conocerte en la fe; permite que yo pueda gozar de júbilo imperecedero cuando Tu vuelvas en gloria. Amén.

Oración para Ayudar a Otros a Encontrar a Cristo

OH Señor Jesús, Te doy gracias por el don de la fe y por la gracia continua que Tú me das para alimentarla y fortalecerla. Permíteme cultivar el verdadero deseo por Ti que yace debajo de una búsqueda celosa por la justicia, la verdad, el amor y la paz encontrados en nuestros contemporáneos. Alienta estas búsquedas, oh Señor, y concede que todos los que buscan verdaderamente puedan ver más allá del momento actual y poder discerner Tu rostro en el mundo. Amén.

TIEMPO DE NAVIDAD

Oración a Jesús, el Mayor Don de Dios

OH Jesús, creo que la mayor prueba del amor de Dios es el don que nos ha hecho de Ti, Su Hijo Unigénito.

Todo amor tiende a convertirse en aquello que ama. Tú amas a los hombres; por lo tanto, Te hiciste Hombre. Un amor y misericordia infinitos hicieron que Tú, la Segunda Persona de la Santísima Trinidad, dejaras el Reino de la dicha eterna, para descender desde el trono de Tu majestad y convertirse en un niño indefenso. Eventualmente hasta llegaste a sufrir, a morir y resucitar para que nosotros viviéramos.

Tú deseaste venir al mundo como un niño para mostrarnos así que Tú eras un Hombre verdadero. Pero también Te hiciste Hombre para que pudiéramos ser semejantes a Dios. A cambio de la humanidad que Tú tomas de nosotros Tú deseas hacernos compartir en Tu Divinidad por la gracia santificante, para que puedas tomar posesión única de nosotros. Concédeme en cambio la gracia de amarte con un amor profundo, personal y productivo. Amén.

Oración por el Renacimiento de Cristo en la Iglesia

OH Señor Jesucristo, Te pedimos que encarnes en nosotros Tu Divinidad invisible. Que lo que Tú lograste corporalmente en María se obtenga ahora espiritualmente en Tu Iglesia. Que la sólida fe de la Iglesia Te conciba, su inteligencia impecable Te haga nacer y su alma unida con el poder del Altísimo Te conserve para siempre. Amén.

Oración de Júbilo por el Nacimiento de Jesús

DEJAD que los justos se regocijen, porque su Justificador ha nacido. Dejad que los enfermos y dolientes se regocijen, porque su Salvador ha nacido. Dejad que los cautivos se regocijen, porque su Redentor ha nacido. Dejad que los esclavos se regocijen, porque su Señor ha nacido. Dejad que los hombres libres se regocijen, porque su Liberador ha nacido. Dejad que todos los Cristianos se regocijen porque Jesucristo ha nacido. Amén. *San Agustín de Hippo*

Oración para Conocer y Amar a Jesús

MI Señor Jesús, deseo amarte, pero Tú no puedes confiar en mí. Si Tú no me ayudas, nunca haré nada bien. No Te conozco; Te busco pero no sé dónde encontrarte. Ven a mí, oh Señor. Si Te conociera, también me conocería a mí mismo. Si nunca antes Te amé, quiero ahora amarte verdaderamente. Deseo hacer solamente Tu voluntad; sin confiar en mí mismo, espero en Ti, oh Señor. Amén. *San Felipe Neri*

Oración para que Todos Conozcan a Cristo

OH Señor, danos una nueva Epifanía cuando Tú Te manifiestes al mundo: a aquellos que no Te conocen, a aquellos que Te niegan, y a aquellos que sin saberlo Te están deseando. Acerca el día en que todos los hombres Te conozcan y Te amen en unión del Padre y del Espíritu Santo—y el Reino de Dios habrá llegado. Amén.

LOS AZOTES EN LA COLUMNA

Un hecho que fue parte de la Pasión y Muerte de Cristo fueron los Azotes en la Columna. Durante la Cuaresma hacemos penitencia por nuestros pecados, que causaron la Pasión, y nos esforzamos por ser mejores.

TIEMPO DE CUARESMA

Oración para Estar Libres de los Siete Pecados Capitales

OH Manso Salvador y Príncipe de Paz, inculca en mí las virtudes de la amabilidad y la paciencia. Permíteme dominar la furia de la ira y contener todo resentimiento e impaciencia para así vencer el mal con el bien, obtener Tu paz y regocijarme en Tu amor.

Oh Modelo de humildad, arroja fuera de mí todo orgullo y arrogancia. Permíteme reconocer mi flaqueza y liviandad, de manera que pueda soportar las burlas y el desprecio por amor a Tu nombre y que me estime a mí mismo como poca cosa a Tus ojos.

Oh Maestro de la abstinencia, ayúdame a servirte a Ti más bien que a mis propios apetitos. Aléjame de la gula—del desmesurado amor por la comida y la bebida—y déjame tener hambre y sed de Tu justicia.

Oh Amante de la pureza, aleja toda lujuria de mi corazón, de manera que pueda servirte con una mente pura y un cuerpo casto.

Oh Padre de los pobres, ayúdame a evitar toda envidia de los bienes terrestres y otórgame el amor por las cosas celestiales. Inspírame a dar a los necesitados, al igual que Tú diste Tu vida para que yo pueda heredar los tesoros eternos.

Oh Ejemplo de amor, aléjame de toda envidia y mala voluntad. Deja que la gracia de Tu amor more en mí para poder regocijarme en la felicidad de los semejantes y lamentar sus adversidades.

Oh celoso Amante de las almas, aléjame de toda pereza de mente o cuerpo. Inspírame con el celo por Tu gloria de modo que pueda hacer todas las cosas por Ti y en Ti. Amén.

Oracion de Contricion

PADRE misericordioso, soy culpable de pecado. Confieso mis pecados ante Ti y me siento apenado por ellos. Tus promesas son justas; por tanto, confío que me perdonarás mis pecados y me limpiarás de toda mancha de pecado. Jesús mismo es la propiciación para mis pecados y los de todo el mundo. Pongo mi esperanza en Su expiación. Permite que mis pecados sean perdonados a través de Su Nombre y que en Su Sangre mi alma sea limpia. Amén.

Oración para Conocer a Jesucristo

OH Señor Jesucristo, haz que al igual que San Pablo yo pueda contarlo todo como una pérdida en comparación con la suprema ventaja de conocerte. Deseo conocerte a Ti y a todo aquello que Tu Pasión y Resurrección pueden hacer. También deseo participar en Tus sufrimientos con la esperanza de que si me parezco a Ti en la muerte de alguna manera yo podré lograr la resurrección de entre los muertos.

Dame la gracia para hacer todo esfuerzo para complementar la fe con el valor moral, el valor moral con el conocimiento, el conocimiento con el control de mí mismo, el control de mí mismo con la paciencia, la paciencia con la piedad, la piedad con el afecto y el afecto con el amor por mis hermanos y hermanas en Cristo. Permite que estas virtudes me mantengan activo y fructífero y me lleven a un profundo conocimiento de Ti, Señor Jesucristo. Amén.

Oración para Apreciar la Misa

OH Señor Jesucristo, para que los méritos de Tu sacrificio en la Cruz se pudieran aplicar a todas las almas en todos los tiempos, Tú quisiste que se renovara en el altar. En la Ultima Cena, Tu dijiste, "Haced esto en memoria de Mí." Con estas palabras Tú diste a Tus Apóstoles y sus sucesores el poder de consagrar y el mandamiento de hacer lo que Tú mismo hiciste.

Creo que la Misa es tanto un sacrificio como un memorial—recreando Tu Pasión, Muerte y Resurrección. Ayúdame a comprender que la Misa es el mayor don de Dios a nosotros y nuestra mayor ofrenda a Dios. Amén.

LA RESURRECCION

Con Su Resurrección Jesús venció al pecado y a la muerte. Durante el Tiempo de Pascua nos regocijamos con la gran victoria de Cristo y buscamos recibir los frutos de esta victoria.

TIEMPO DE PASCUA

Oración en Alabanza a la Humanidad de Cristo

OH Señor resucitado, Tu Cuerpo fue parte de Tu poder, más bien que Tú una parte de su flaqueza. Por esta razón tuviste que resucitar al morir—porque Tu Cuerpo, una vez asumido por Ti, nunca fue ni pudo ser separado de Ti, ni aún en la tumba.

Mantengo Tu santísimo Cuerpo delante de mí como promesa de mi propia resurrección. Aunque yo muera ello sólo significa que me levantaré de nuevo.

Enséñame a vivir como alguien que cree en la gran dignidad y santidad del marco material que Tú me has dado. Amén.

Oración por los Frutos de la Resurrección de Cristo

DIOS, Padre de las luces, Tú has glorificado al mundo con la luz del Cristo resucitado. Ilumina hoy mi corazón con la luz de Tu fe. A través de Tu Hijo resucitado Tú abriste las puertas de la vida eterna para todos los hombres. Concédeme la esperanza de la vida eterna mientras trabajo diariamente en mi salvación.

Tú aceptaste el sacrificio de Tu Hijo y lo elevaste de entre los muertos. Acepta el ofrecimiento de mi trabajo que hago para Tu gloria y la salvación de todo el mundo. Abre mi mente y mi corazón a mis hermanos y hermanas. Ayúdanos a amarnos y a servirnos los unos a los otros.

Tu Hijo se levantó para estimular a los oprimidos, confortar a los que sufren, curar los enfermos y traer júbilo al mundo. Ayuda a todos los hombres a alejar el pecado y la ignorancia y a disfrutar de la victoria pascual de Tu Hijo. Amén.

Oración a Cristo Ascendido al Cielo

OH Señor Jesús, yo Te adoro, Hijo de María, mi Salvador y mi Hermano, porque Tú eres Dios. Yo Te sigo en mis pensamientos, oh primer fruto de nuestra raza, como espero seguirte algún día en mi persona hasta la gloria celestial.

Mientras tanto no me permitas descuidar las labores terrenas que Tú me has encomendado. Permíteme laborar diligentemente toda mi vida con un mayor aprecio del presente. Déjame comprender que sólo cumpliendo mis obligaciones verdaderamente humanas puedo alcanzar el cumplimiento Divino y ascender hacia Ti al terminar mi labor. Amén.

Oración para Vivir una Vida Plena

OH Señor, Tu Ascensión al cielo señala la culminación del Misterio Pascual y ella encierra una importante enseñanza para nosotros. Nosotros podemos vivir la vida como una realidad terrena y desarrollar nuestras posibilidades humanas a su máximo. Podemos usar los resultados de la ciencia para tener una vida mejor en esta tierra. Pero en nuestros mejores momentos sabemos que debe haber algo más que esto, una Realidad trascendente.

Como Cristianos sabemos que esa Realidad es Tu amante Padre que nos espera contigo y el Espíritu Santo. Adonde Tú has ido algún día Te seguiremos—si somos fieles. Amén.

Oración al Espíritu Santo

ESPIRITU Santo de luz y amor, Tú eres el amor sustancial del Padre y del Hijo; escucha mi oración.

Generoso otorgador de los más preciados dones, concédeme una fe fuerte y viva, que me haga aceptar todas las verdades reveladas y formar mi conducta de acuerdo con ellas. Dame una confiada esperanza en todas las promesas Divinas, que me impulsa a abandonarme sin reservas a mí mismo a Ti y a Tu guía.

Instila en mí un amor de perfecta buena voluntad que me haga cumplir la voluntad de Dios en todas las cosas y actuar de acuerdo con los más mínimos deseos de Dios. Hazme amar no sólo a mis amigos sino también a mis enemigos imitando a Jesucristo Quien a través de Ti se ofreció a Sí Mismo en la Cruz por todos los hombres. Espíritu Santo, anímame, inspírame y guíame, y ayúdame siempre a ser un verdadero seguidor de Jesús. Amén.

JESUS EXPULSA A LOS MERCADERES DEL TEMPLO

Jesús expulsó a los mercaderes del Templo, pues este era una casa de oración. Durante el Tiempo Ordinario nos esforzamos por hacer el templo de nuestros cuerpos santos y dispuestos a buenas obras.

TIEMPO ORDINARIO

Oración para una Fe Productiva

OH Señor, aumenta mi fe y permite que dé frutos en mi vida. Permite que me una estrechamente a los demás Cristianos con la certeza común de que nuestro Maestro es el Dios-Hombre que dio Su vida por todos nosotros. Permíteme escuchar con fe la Divina Palabra que me reta.

Ayúdame a esforzarme de todo corazón bajo los impulsos de mi fe en la creación de un mundo dirigido por el amor. Capacítame para marchar en la fe hacia el futuro indescriptible que Tú has prometido a todos aquellos que poseen una fe productiva en Ti. Amén.

Oración a Cristo en el Mundo

SEÑOR Jesús, permítenos comprender que cada uno de nuestros actos, sin importar cuán pequeño sea o cuán secular, nos permite estar en contacto contigo. Deja que nuestro interés esté en las cosas creadas—pero sólo en la absoluta dependencia de Tu presencia en ellas. Haz que perseguimos a Ti—y Ti solo—por medio de la realidad de las cosas creadas. Concédenos que esta sea nuestra oración—acercarnos a Ti haciéndonos más humanos.

Permite que nos convirtamos en una verdadera rama de la viña que eres Tú, una rama que produce mucho fruto. Concédenos aceptarte en nuestras vidas en la manera que Te agrada llegar a ellas: como Verdad, que se debe decir; como Vida, que se debe vivir; como Luz, que se debe compartir; como Amor, que se debe seguir; como Júbilo, que se debe dar; como Paz, que se debe esparcir; como Sacrificio, que se debe ofrecer entre nuestras familias y amistades, entre nuestros semejantes y todos los hombres. Amén.

Oración para Crecer en la Iglesia

OH Señor Jesús, yo sé que todas las relaciones humanas se demoran en desarrollarse y profundizarse. Ello es también cierto de mis relaciones contigo, el Padre, y el Espíritu Santo, que se deben desarrollar durante el transcurso de vida.

Pero este desarrollo no es automático. El tiempo no significa nada a menos que yo le agregue mis más serios esfuerzos.

Tú has inspirado Tu Iglesia a que dedique momentos especiales para que este desarrollo pueda crecer con mayor intensidad—los Tiempos especiales del Año de la Iglesia. Si yo fracaso en ir hacia Ti durante estos momentos, pierdo oportunidades maravillosas y pongo en peligro mi vida espiritual.

Ayúdame a ocuparme de ellos seriamente y hacer un verdadero esfuerzo para usarlos bien y que yo pueda desarrollarme como la persona que Tú deseas que yo sea. Amén.

Oración para Encontrar a Dios Frecuentemente en la Oración

PADRE celestial, permíteme comprender que, como toda oración, la oración de petición es principalmente un medio para encontrarte y ser sostenido por Ti. Tú sabes qué necesitamos porque Tú eres un Padre amante que nos cuida. Sin embargo, Tú respetas nuestra libertad y esperas que nosotros Te expresemos nuestros deseos.

Concédeme que recurra frecuentemente a Ti en oración de manera que purifique mis intenciones y haga que mis deseos estén en conformidad con los Tuyos. Déjame orar con fórmulas fijas así como con mis propias palabras—no importa que sean largas o cortas.

Sobre todo, permíteme llegar ante Ti con un corazón movido por Tu Espíritu y una voluntad dispuesta a conformar con Tu santa Voluntad. Amén.

LA ANUNCIACION

El Angel Gabriel anunció a María que ella sería la Madre de Dios. Honramos a María por este altísimo título y le oramos para que nos ayude durante nuestra peregrinación terrenal.

ORACIONES A NUESTRA SANTISIMA MADRE

(Ver también págs. 37, 40-42)

Acudimos a Tu Protección

ACUDIMOS a tu protección, oh Santísima Madre de Dios; no ignores nuestras peticiones en nuestras necesidades, pero sálvanos siempre de todos los peligros, oh gloriosa y santísima Virgen. Amén.

El "Memorare"

ACUERDATE, oh pidosísima Virgen María, que jamás se ha oído decir, que uno solo de cuantos han acudido a tu protección, e implorado tu socorro, haya sido abandonado por ti. Animado con esta confianza, recurro a ti, oh Virgen de las vírgenes, Madre mía; a ti vengo; ante ti me presento, pecador arrepentido. Oh Madre del Verbo Encarnado, no desprecies mis súplicas, antes bien, escúchalas y acógelas benignamente. Amén.

Cómo Decir el Rosario

1. Comience por el Crucifijo y diga el Credo do los Apóstoles.
2. En la 1era cuenta diga el Padre Nuestro.
3. Después, diga un Ave María en cada una de las tres cuentas siguientes.
4. A continuación diga un Gloria al Padre. Anuncie el primer Misterio y medite sobre éste primer Misterio y lo que significa; diga un Padre Nuestro.
5. Diga 10 Ave Marías y 1 Gloria al Padre.

6. Anuncie el segundo Misterio y continue de esa manera hasta concluir los cinco Misterios del grupo o década que haya elegido.

Los Misterios Gozosos

1. El Angel Gabriel trae el mensaje jubiloso a María (Lc 1:26-38; Is 7:10-15)
2. María visita a su prima Isabel (Lc 1:41-50)
3. Jesús nace en un establo en Belén (Lc 2:1-14; Mt 2:1-14; Gá 4:1-7)
4. Presentación de Jesús en el Templo (Lc 2:22-40)
5. Jesús es hallado en el Templo (Lc 2:42-52)

Los Misterios Luminosos*

1. Jesús es bautizado en el Jordán (Mt 3:13-17; Is 42:1-2, 4-5)
2. La autorrevelación de Jesús en Caná (Jn 2:1-11)
3. Jesús proclama el Reino de Dios (Mk 1:15; Mt 5:1-11)
4. La transfiguración de Jesús (Mt 17:1-8; Mk 9:2-8; Lk 9:28-36)
5. Jesús instituye la Eucaristía (Mt 26:26-30; 1 Cor 11:23-25)

Los Misterios Dolorosos

1. Jesús ora en agonía al Padre celestial (Mt 26:36-40)
2. Jesús es azotado (Mt 27:24-26; 1 Pe 2:21-25)
3. Jesús es coronado de espinas (Mt 26:27-31)
4. Jesús lleva su Cruz al Calvario (Mt 27:32)
5. Jesús muere en la Cruz (Mt 27:33-50; Jn 19:31-37)

Los Misterios Gloriosos

1. Jesús resucita de entre los muertos (Mc 16:1-7; Jn 20:19-31)
2. Jesús asciende al cielo (Mc 16:14-20; Hch 1:1-11)
3. El Espíritu Santo desciende sobre los Apóstoles (Jn 14:23-31; Hch 2:1-11)
4. María es asumida al cielo en cuerpo y alma (Lc 1:41-50; Sal 45; Gn 3:15)
5. María es coronada en el cielo (Ap 12:1; Jdt 13:18-20)

Oración después del Rosario

OH Dios, cuyo Hijo Unigénito, con Su Vida, Muerte y Resurrección obtuvo para noso-

* Añadidos a los Misterios del Rosario por el Papa Juan Pablo II en su Letra Apostólica del Octubre 16, 2002, titulada ***El Rosario de la Virgen María,*** y imprimados aquí desde nuestro libro ***Mi Novena del Rosario,*** el cual en 2003 recibió el Imprimatur del Obispo de Paterson, Frank J. Rodimer.

tros la recompensa de vida eterna; concédenos, Te rogamos, que meditando sobre estos Misterios del Santísimo Rosario de la Bendita Virgen María, podamos imitar lo que ellos contienen y obtener lo que prometen, por el mismo Cristo nuestro Señor. Amén.

Oración de la Novena del Rosario

SANTISIMA Virgen María, Madre de Dios y Madre nuestra, acepta este Santo Rosario, que te ofrezco para demostrarte mi amor por ti y mi firme confianza en tu poderosa intercesión. Te lo ofrezco como un acto de fe en los Misterios de la Encarnación y la Redención, como acción de gracias a Dios por todo Su amor por mí y por toda la humanidad, como un acto de expiación por los pecados del mundo, especialmente los míos, y como un acto de petición a Dios a través de tu intercesión por todas las necesidades del pueblo de Dios en la tierra, pero especialmente por esta grave petición *(Mencionar aquí su petición).*

Te ruego, querida Madre de Dios, que presentes mi petición a Jesús, tu Hijo. Yo sé que tú deseas que yo busque la voluntad de Dios en mi petición. Si lo que yo pido no es la voluntad de Dios, ruega que yo pueda recibir aquello que sea para el mayor beneficio para mi alma. En ti deposito toda mi confianza. Amén.

LA PASION DE CRISTO SE PREDICE EN LOS SALMOS

Los Salmos, llamados a veces el Evangelio del Espíritu Santo, predijeron la Pasión y Muerte de Cristo. También contienen hermosas oraciones que pueden usarse ventajosamente cada día.

ORACIONES DE LOS SALMOS

Oración Ensalzando la Majestad de Dios y la Dignidad del Ser Humano

¡SEÑOR, nuestro Dios, cuán glorioso es Tu Nombre en toda la tierra! Tu majestad ha sido exaltada sobre los cielos. Con los labios de los recién nacidos y de los niños Tú has creado una alabanza para callar a Tus enemigos y avergonzar a quienes Te son hostiles y buscan venganza.

Cuando contemplo Tus cielos, la obra de Tus manos, la luna y las estrellas en el firmamento que Tu estableciste—¿qué son los hombres para que Te acuerdes de ellos, simples mortales para que Tú Te preocupes de sus destinos?

Los has hecho poco menos que los Angeles y les has dado una corona de gloria y honor. Los has puesto para que gobiernen sobre las obras de Tus manos, colocando toda la creación bajo su dominio: Tú nos has dado todas las ovejas y los bueyes, todos los animales de los campos, los pájaros del aire, los peces del mar y todo lo que nada en las aguas.

¡Señor, nuestro Dios, Tu Nombre es verdaderamente glorioso sobre toda la tierra! Salmo 8

Oración de Cristo en la Cruz

¿DIOS Mío, Dios Mío, por qué Me has abandonado? ¿Por qué estás tan lejos de Mi oración, de las palabras de Mi petición? Te imploro durante el día y no Me respondes, en la noche y no se Me ofrece alivio.

¡Sin embargo, Tú estás sentado en el trono en el lugar sagrado, oh Gloria de Israel! En Ti pusieron su confianza nuestros padres; ellos confiaron, y Tú los redimiste. Cuando Te imploraron, les permitiste escapar; ellos confiaron en Ti, y no tuvieron que avergonzarse.

Pero Yo soy sólo un gusano y no un ser humano; los hombres se burlan de Mí, Mi gente Me desprecia. Cuantos Me ven Me ridiculizan; se burlan de Mí con muecas grotescas, sacuden sus cabezas: "El confió en el Señor; dejen que el Señor Lo libere, dejen que el Señor Lo rescate, si es que El Lo ama."

Tú Me guiaste desde que fui concebido; Tú Me diste seguridad desde los pechos de Mi madre. A Ti Me ofrecieron desde que nací; desde que salí del vientre de Mi madre Tú has sido mi Dios. No te alejes de Mí, porque estoy angustiado; manténte cerca de Mí porque no tengo a nadie más en quien pueda confiar.

Proclamaré Tu Nombre a Mis hermanos; en medio de la asamblea cantaré Tus alabanzas: "¡Todo aquel que tema al Señor, alábelo!"

Todos ustedes, descendientes de Jacob, ríndanle gloria! ¡Adórenlo, todos ustedes descendientes de Israel! Porque El no ha menospreciado ni olvidado a los desdichados en sus sufrimientos ni les volvió las espaldas, pero cuando ellos Le imploraron, El los escuchó." Por tanto, Le cantaré alabanzas por Su bondad en la gran asamblea; cumpliré Mis votos en presencia de aquellos que Le temen. Los humildes comerán hasta la saciedad; aquellos que buscan al Señor Lo alabarán: "Que sus corazones estén siempre llenos de júbilo." Salmo 22:2-12, 23-27

Oración al Buen Pastor

EL Señor es mi pastor; nada me faltará. En verdes pastos me hará descansar. Junto a aguas de reposo me guiará; reconfortará mi alma. El me lleva por sendas de justicia por amor a Su Nombre. Aunque marche por valles tenebrosos no temeré mal alguno, porque Tú estás a mi lado con Tu vara y Tu cayado que me dan aliento.

Preparaste mesa delante de mí a los ojos de mis enemigos. Ungiste mi cabeza con aceite; mi copa está rebozando. Sólo bondad y amabilidad serán mis compañeros todos los días de mi vida. Estableceré mi morada en la casa del Señor por toda la eternidad. Salmo 23

JESUS, EL CORDERO DE DIOS

Juan el Bautista, quien bautizó a Jesús, lo llamó el Cordero de Dios e Hijo de Dios. Le ofrecemos oraciones de los Evangelios para seguir a este Divino Redentor.

ORACIONES DE LOS EVANGELIOS

Por la Fe en Cristo

CRISTO Jesús, mi Señor, yo creo que Tú eres el Hijo de Dios. Tú dijiste una vez: "Al igual que Moisés levantó una vez la serpiente en el desierto, así también es necesario que el Hijo del Hombre sea levantado, para que todo aquel que en El crea tenga vida eterna."

Tan grande, verdaderamente, ha sido el amor de Dios por el mundo que El Te entregó, Su Hijo Unigénito. Todo aquel que crea en Ti no perecerá, mas tendrá vida eterna. Dios no Te envió al mundo para condenarlo, sino para que Tú lo salvaras.

El Padre Te ama a Ti, Su Hijo, y lo ha puesto todo a Tu disposición. Todo aquel que cree en Ti posee vida eterna. Todo aquel que se niegue a creer en Ti no verá la vida.

¡Señor, aumenta mi fe en Ti! Junto con Pedro yo exclamo: "¡Tú eres Cristo, el Hijo del Dios Vivo!" (Jn 3:14-19, 35, 36; Mt 16:16)

Para Tener Confianza en la Oración

PADRE celestial, Tu Hijo nos enseñó a orar con confianza cuando El dijo: "Pedid, y recibiréis; buscad, y encontraréis; llamad a la puerta, y se les permitirá entrar." De hecho, El nos aseguró que sólo aquel que pide, recibe; sólo aquel que busca, encuentra; sólo aquel que llama a la puerta, podrá entrar.

Nadie le da una piedra a su hijo cuando éste le pide pan, o una serpiente cuando le pide un pescado. Si nosotros, tan pecadores como somos, escogemos dones útiles para nuestros hijos, cuánto más Tú, nuestro Padre en el cielo, da lo que es bueno a aquellos que Te lo piden.

Padre mío, creo en Tu amor por mí. Yo sé que Tú me darás lo que es bueno para mí si Te lo pido con confianza. Con todo mi corazón confío en Tu generosa providencia para concederme lo que necesito para mi cuerpo y alma. Sobre todo, Te ruego que me concedas todas las gracias que necesito para amarte y salvar mi alma. (Mt 7:7-11)

Para la Fortaleza para Llevar Nuestra Cruz

DIVINO Maestro, Tú nos enseñaste que todo aquel que desee ser Tu seguidor debe renunciar a sí mismo y tomar su cruz. Todo aquel que desee salvar su vida debe perderla de todos modos. Pero aquel que voluntariamente entrega su vida por amor a Tu Nombre, al final terminará ganándola. De nada aprovechará a un hombre ganar todo el mundo, si al final pierde su alma. Ningún precio es lo bastante alto como para comprar la vida eterna.

Deseo ser Tu seguidor. Dame el valor para renunciar a mí mismo y tomar toda cruz que Tu permitas que me toque. Prepárame para soportar cualquier sacrificio, si ello significa la salvación de mi alma. Espero en Tu bondad. Dame la gracia de ser generoso para probar mi amor por Ti y en asegurar la salvación del alma por la que Tú derramaste Tu preciosíma sangre.

Tú me recompensarás por mis esfuerzos, pues Tú prometiste que algún día vendrías cubierto de la gloria de Tu Padre y escoltado por Tus Angeles. Entonces me juzgarás de acuerdo con mi conducta. Si soy generoso contigo en esta vida, seguramente también Tú serás generoso conmigo en la vida venidera. Esta es mi esperanza, porque confío en Tus infinito méritos y Tu amor eterno.

Tú me invitas a llegarme a Ti cuando esté cansado y abrumado y Tú prometiste darme alivio. Dame la ayuda que necesito para tomar Tu yugo y aprender Tus lecciones, porque Tú eres manso y humilde de corazón. Que yo pueda encontrar alivio para mi alma. Tú me aseguras que Tu yugo es fácil y ligero de llevar.

(Mt 11:28-30; 16:24-28)

LA ASCENSION DE JESUS

Jesús ascendió a la gloria y está sentado a la derecha del Padre. Con oraciones de las Epístolas Lo exaltamos como nuestro Señor y Dios y Le pedimos serles fieles.

ORACIONES DE LAS EPISTOLAS

Para la Perseverancia en la Virtud

SEÑOR Dios, debo darte gracias continuamente porque Tú me has escogido desde la eternidad para ser salvo a través de la santificación que obra el Espíritu y por la creencia en la verdad. Tú me has llamado para alcanzar la gloria de nuestro Señor Jesucristo. Por ello Te estoy profundamente agradecido.

Dame la ayuda de Tu mano para estar irme y perseverar en la doctrina de mi santa Fe.

Te doy gracias por haberme amado y por la gracia que me ha dado aliento imperecedero y buenas esperanzas. Confío en que alentarás mi corazón y harás que persevere en toda obra y acción de mérito.

¡Hazme perseverante y protégeme del malvado!

Guía mi corazón hacia Tu amor y a esperar pacientemente Tu venida. (2 Ts 2:13-17; 3:2-5, 16)

Por la Paz y la Alegría

JESÚS, deseo alegrarme siempre en Ti. Tú estás cerca. No me dejes tener ansiedad, pero en toda preocupación por la oración y las súplicas con acciones de gracia deseo que se conozcan mis peticiones en mi comunión con Dios.

Que la paz de Dios, que sobrepasa toda comprensión, guarde mi corazón y mis pensamientos en Ti.

Ayúdame a recordar aquello que sea verdad, que sea honorable, que sea justo, que sea puro, que sea adorable, que merece alabanza. Que Tu verdad moldee siempre mi conducta para que Dios, Quien imparte la paz, esté conmigo. Suministra mis necesidades gloriosamente manteniéndome con Tus riquezas.

Fortalece mi fe y esperanza en Tu Padre y mío. Creo que Su poder me protege por mi fe en la salvación que siempre está dispuesta para ser revelada al final de los tiempos. Por ello concédeme una felicidad continua, aunque por algún tiempo deba verme afligido por varias pruebas.

Que mi fe, más preciosa que perecedera, probada en un crisol, después de haber vencido en la prueba, sea hallada digna de alabanza, gloria y honor en el momento en que Tú Te manifiestes, Señor Jesucristo.

Señor, fuente de paz, concédeme paz en todo momento y en todas las formas. ¡Que Tu gracia y Tu alegría estén siempre conmigo!

(Fil 4:4-9, 20, 23; 1 Pe 1: 5-7)